Alexandra Pusch

Abc der entspannten Lehrerin

Mit einfachen Übungen relaxed durch den Schultag

verlag

Impressum

Abc der entspannten Lehrerin

Alexandra Pusch ist Yogalehrerin und Gesundheitsberaterin. Seit 2008 unter-
richtet sie Yoga und Entspannungstechniken. Mit Begeisterung begleitet sie
Menschen auf dem Weg zu mehr Gelassenheit, Freude und Gesundheit.
Außerdem arbeitet sie als freie Lektorin, Redakteurin und Autorin für Lern- und
Informationsmedien im Bereich Gesundheit. Es ist ihr ein Herzensanliegen,
Medien zu erschaffen, mit denen Menschen motiviert lernen und sich persönlich
weiterentwickeln können.
Mehr von der Autorin: Website Yoga & Gesundheit: http://anandi-yoga.de
Website Lektorin, Redakteurin & Autorin: http://alexandrapusch.de

1. Auflage 2018
© 2018 AOL-Verlag, Hamburg
AAP Lehrerfachverlage GmbH
Alle Rechte vorbehalten.

Veritaskai 3 · 21079 Hamburg
Fon (040) 32 50 83-060 · Fax (040) 32 50 83-050
info@aol-verlag.de · www.aol-verlag.de

Redaktion: Janina Zielecki
Layout/Satz: Satzpunkt Ursula Ewert GmbH, Bayreuth
Cover & Illustrationen: Svenja Pokora, Hamburg

ISBN: 978-3-403-10507-7

Engagiert unterrichten. Begeistert lernen. verlag

Inhaltsverzeichnis

Wichtiger Hinweis

Die Übungen und Tipps in diesem Buch
wurden sorgfältig ausgewählt.
Alle Leser sind jedoch aufgefordert,
selbst zu entscheiden, ob die Übungen
und Ratschläge für sie sinnvoll sind und
inwieweit sie diese umsetzen wollen.

Führen Sie alle vorgeschlagenen Übungen
immer so aus, dass sie Ihnen guttun und
beachten Sie die Grenzen Ihres
Körpers.

Vorwort

Einfache und schnell durchzuführende Übungen für den turbulenten Schulalltag anzubieten, mit denen sich Lehrerinnen etwas Gutes tun können: Das ist das Ziel dieses Buchs. Die Tipps und praktischen Übungen, die in den Kapiteln von A bis Z auf Sie warten, stammen hauptsächlich aus den Bereichen Yoga, Meditation und Entspannungstechniken. Sie aktivieren und harmonisieren den Körper und bringen den Geist zur Ruhe, sodass Sie mehr Entspannung und Gelassenheit in Ihren Schultag bringen können – auch wenn die Umstände mal wieder ziemlich stressig sind.

Wichtig dabei ist: Die Techniken können ihre vielfältigen positiven Wirkungen nur dann entfalten, wenn Sie sie auch wirklich üben – und das am besten regelmäßig. Lesen Sie dieses Buch also nicht nur durch, sondern wenden Sie die Tipps gleich praktisch an.

Ich wünsche Ihnen viel Freude beim Ausprobieren, Üben und Entspannen!

Alexandra Pusch

Herzlich willkommen zu mehr Entspannung im Schulalltag

Der Arbeitsalltag an der Schule kann ganz schön schlauchen: Schüler, Kollegen, Schulleitung, Eltern – sie alle haben ihre ganz speziellen Wünsche und Vorstellungen. Sie als Lehrerin befinden sich mittendrin und versuchen, all diesen Anforderungen so gut wie möglich gerecht zu werden und die beste pädagogische Arbeit zu leisten, die unter den gegebenen Umständen möglich ist.

Auch wenn Sie die in diesem Buch vorgestellten Techniken anwenden, werden Sie natürlich nicht in jeder nur erdenklichen Lebenssituation die Ruhe selbst sein. Aber Sie bekommen ein Methodenrepertoire an die Hand, das Sie langfristig widerstandsfähiger gegen Stress macht – körperlich und mental. Plus: Sie erlernen Übungen, die Ihnen in akuten Stresssituationen helfen, einen kühlen Kopf zu bewahren.

Von A wie Aufstehen bis Z wie Zu Bett gehen – die folgenden Inhalte warten darauf, von Ihnen entdeckt und ausprobiert zu werden:

Der erste Teil des Buchs (A–H) ist einem entspannten Start in den Tag gewidmet. Hier erfahren Sie, wie Sie Ihren Morgen gestalten können, um eine gute Basis für den Tag zu schaffen.

Im zweiten Teil (I–R) geht es um Ihren Arbeitstag in der Schule. Sie erlernen Übungen, die auf der körperlichen und mentalen Ebene mehr Entspannung und innere Ruhe schenken und die Sie im Schulalltag einfach durchführen können.

Der dritte Teil (S–Z) zeigt Ihnen, wie Sie auch die Zeit nach der Schule nutzen können, um aktiv zu entspannen. Sie lernen verschiedene Übungen kennen, mit denen Sie es sich während der Hausarbeit, bei der Unterrichtsvorbereitung und natürlich in Ihrer freien Zeit gut gehen lassen können.

Los geht's!

A wie Aufstehen

Rekeln mit Genuss: Muskeln und Gelenke aufwecken

Rekeln Sie sich nach dem Aufwachen genüsslich in alle Richtungen, um den Körper aufzuwecken und den Muskeln zu dehnen.

So wird's gemacht

Strecken Sie dabei Arme und Beine x-förmig in entgegengesetzte Richtungen von sich weg. Machen Sie alle Bewegungen, die Ihrem Körper guttun und ihn langsam aufwecken.

Ziehen Sie danach Ihre Knie zum Oberkörper heran und umarmen Sie sie. Formen Sie so Ihren Körper zu einem kleinen Päckchen.

Rollen Sie den Kopf von einer Seite zur anderen Seite. Gähnen Sie herzhaft. Spüren und genießen Sie das angenehme Gefühl, das durch diese einfachen, sanften Bewegungen in Ihrem Körper entsteht.

Fassen Sie einen guten Vorsatz, einen positiven Gedanken, eine Affirmation: zum Beispiel „*Ich komme heute im Alltag immer wieder zu meiner entspannten Mitte zurück*" oder „*Ich freue mich auf den Tag*". Verankern Sie diesen Vorsatz im Inneren und stehen Sie voller Freude auf. Guten Morgen!

B wie Badezimmer

Frische spüren: Augen und Zunge ayurvedisch reinigen

Der erste Weg des Tages führt ins Bad. Es fühlt sich nach dem Aufwachen richtig gut an, das Gesicht mit kühlem Wasser zu waschen.

Nach der alten indischen Gesundheitslehre des Ayurveda gehört zur Mundhygiene nicht nur das Zähneputzen, sondern auch das Reinigen der Zunge. Probieren Sie es aus!

So wird's gemacht

Reinigen Sie Ihre Augen vorsichtig mit klarem Wasser, damit der Blick auf den bevorstehenden Tag frei und offen wird.

© AOL-Verlag

Kaufen Sie sich in der Drogerie einen Zungenschaber aus Plastik oder Metall. Ziehen Sie den Zungenschaber mehrmals behutsam und mit sanftem Druck von hinten nach vorn über die Zunge – also von der Zungenwurzel bis zur Zungenspitze. Dabei sammeln sich Verunreinigungen auf dem Zungenschaber, die Sie mit klarem Wasser abspülen können.

Genießen Sie das wunderbare Gefühl der Frische in Gesicht und Mundraum!

B wie Bewegen

Wiegende Palme: Energie und Beweglichkeit erhöhen

Haben Sie morgens nach dem Aufstehen manchmal das Gefühl, dass Ihr Körper noch nicht so richtig wach ist? Dass Sie sich müde und energielos fühlen und am liebsten zurück ins Bett kriechen würden? Dann sind Bewegung und Aktivierung angesagt – zum Beispiel mit der Wiegenden Palme. Diese Übung verbessert die Beweglichkeit der Wirbelsäule und sie mobilisiert die Schultern, sodass Verspannungen gelöst werden können. Außerdem sorgt sie dafür, dass eine geballte Ladung neuer Energie in den Kopf steigt – ein richtiger Frischekick am Morgen.

So wird's gemacht

Stellen Sie die Füße hüftbreit auf, die Mittelachsen der Füße sind parallel. Spannen Sie Gesäß und Beckenboden an und achten Sie darauf, dass Ihr unterer Rücken nicht ins Hohlkreuz fällt.

Bringen Sie nun mit einem tiefen, vollen Einatmen die Arme über die Seiten nach oben, falten Sie die Hände über dem Kopf und strecken Sie die Zeigefinger nach oben. Ihre Wirbelsäule ist jetzt vollkommen aufgerichtet. Halten Sie den Atem kurz an und beugen Sie den gesamten Oberkörper nach rechts, kommen Sie wieder zur Mitte, dann den Oberkörper nach links und zurück zur Mitte. Bringen Sie die Arme mit einem vollständigen Ausatmen im weiten Kreis über die Seiten wieder nach unten, zurück neben den Körper.

Wiederholen Sie diese Übung mindestens dreimal und genießen Sie die Weite im Brustkorb und die Dehnung der Schultern. Am besten wirkt die Übung übrigens am offenen Fenster: Die frische Luft gibt noch einen extra Energieschub.

C wie Cool bleiben

Kurze Meditation: Gelassenheit üben

Zentriert in den Tag starten und im Schulalltag gelassen bleiben: Um das zu erreichen, ist eine kurze Meditation das Mittel der Wahl.

Inzwischen ist erwiesen, dass sich regelmäßiges Meditieren positiv auf die körperliche und psychische Gesundheit auswirkt. Sie können durch Meditation Ihre Stressresistenz erhöhen und auf Dauer gelassener werden – also auch im Schulalltag cool bleiben.

So wird's gemacht

Setzen Sie sich in eine angenehme, aufgerichtete Sitzhaltung. Das kann zum Beispiel der Schneidersitz sein. Oder Sie setzen sich einfach gerade auf einen Stuhl, ohne sich anzulehnen. Falls Sie bereits

mit Yoga, Entspannungstechniken oder Ähnlichem vertraut sind, können Sie natürlich auch eine andere Sitzhaltung wählen, die Ihnen bekannt ist. Wichtig ist nur, dass Sie die Wirbelsäule gerade aufrichten, sodass der Scheitelpunkt, die Krone Ihres Kopfes, nach oben strebt. Der restliche Körper bleibt entspannt.

Stellen Sie eine Uhr in Sichtweite oder nutzen Sie einen Wecker bzw. Meditationstimer auf Ihrem Smartphone. Nehmen Sie sich vor, für die nächsten fünf Minuten die Aufmerksamkeit nach innen zu lenken. Schließen Sie sanft Ihre Augen. Das Gesicht ist entspannt, die Kiefergelenke sind locker.

Es gibt viele verschiedene Meditationstechniken. Zwei sehr verbreitete sind die Atembeobachtung und die absichtslose Meditation. Probieren Sie am besten zunächst beide aus und entscheiden Sie sich dann für diejenige, die Ihnen leichtfällt und am meisten zusagt. Bleiben Sie nun eine längere Zeit bei Ihrer gewählten Technik.

Variante 1: Atembeobachtung

Richten Sie die Aufmerksamkeit auf Ihre Nasenöffnungen. Spüren Sie, wie mit dem Einatmen etwas kühlere Luft einströmt und wie mit dem Ausatmen etwas wärmere Luft ausströmt. Bleiben Sie mit der Aufmerksamkeit beim Atem. Falls andere Gedanken kommen (was immer wieder passieren wird), registrieren Sie dies wertfrei und bringen Sie Ihre Aufmerksamkeit zurück zur Wahrnehmung des Atems an der Nasenspitze.

Variante 2: Absichtslose Meditation

Richten Sie die Aufmerksamkeit nach innen. Beobachten Sie vollkommen wertfrei, was in Ihnen vorgeht. Wie fühlt sich der Körper an? Wie fließt der Atem? Welche Gedanken kommen und gehen? Welche Emotionen nehmen Sie bei sich wahr?

Kultivieren Sie eine innere Haltung der Offenheit, frei von Zielen oder Erwartungen. Schauen Sie einfach, was passiert, und nehmen Sie alles an, ohne es zu bewerten.

Bei beiden Varianten

Sobald die fünf Minuten der Meditation vorbei sind, bedanken Sie sich innerlich bei sich selbst dafür, dass Sie sich die Zeit für die Meditation genommen haben. Schenken Sie sich ein strahlendes Lächeln und öffnen Sie die Augen.

Wenn Sie auf den Geschmack kommen und dem Meditieren mehr Zeit in Ihrem Leben einräumen möchten, können Sie die Dauer auf zehn Minuten erhöhen, später auch auf 20 oder 30 Minuten. Doch fürs Erste sind schon fünf Minuten sehr hilfreich.

Meditieren kostet kaum Zeit, aber man muss es regelmäßig praktizieren, um von den positiven Wirkungen profitieren zu können. Beginnen Sie am besten gleich morgen früh mit dieser wertvollen Praxis.

D wie Duschen

Wechselduschen: mehr Power und Widerstandskraft erlangen

Wechselduschen können die Stressresistenz erhöhen und dafür sorgen, dass Sie weniger anfällig für Erkältungen sind. Als wäre das nicht genug, haben sie einen weiteren unbezahlbaren Nebeneffekt: Nach einer Wechseldusche hat gedrückte Stimmung keine Chance.

So wird's gemacht

Duschen Sie zunächst wie gewohnt. Beginnen Sie dann mit dem ersten kalten Guss: Führen Sie den Duschkopf am rechten Bein außen nach oben und innen wieder nach unten. Machen Sie das dreimal. Dann kommt das linke Bein dran – auf dieselbe Weise, genauso häufig.

Nun können Sie die Arme aufwecken: den Wasserstrahl an der Armaußenseite nach oben (von der Hand zur Schulter) und an der Innenseite nach unten (von der Schulter zur Hand) führen – dreimal rechts und dreimal links. Wenn Sie mutig sind, können Sie jetzt auch den ganzen Oberkörper kalt abduschen.

Danach behandeln Sie alle kalt abgeduschten Körperteile auf die eben beschriebene Weise mit warmem Wasser, dann vielleicht noch einmal kalt und wieder warm. Spätestens jetzt merken Sie: So schlimm ist es gar nicht.

Überwinden Sie sich! Wechselduschen verlangen zwar zu Beginn etwas Mut, aber es lohnt sich.

E wie Einölen

Mini-Spa vor der Arbeit: die Haut mit Ölmassagen nähren

Eröffnen Sie ein Mini-Spa in Ihrem Badezimmer: mit einer kleinen Ölmassage am Morgen. Ein paar Minuten reichen, um den Tag mit einer großen Portion Entspannung zu beginnen und sich schon vor dem Frühstück zu nähren und aufzuladen.

Sie können für die Massage reines Sesamöl oder auch ein luxuriöses Körperöl mit angenehmem Duft wählen. Bevorzugen Sie Öle in Bioqualität und verwöhnen Sie sich nach Strich und Faden.

So wird's gemacht

Trocknen Sie sich nach dem Duschen nicht vollständig ab, sondern tragen Sie das Öl auf die noch etwas feuchte Haut auf. Beginnen Sie an den Füßen und arbeiten Sie sich dann immer weiter nach oben vor. Massieren Sie das Öl mit kreisenden Bewegungen in die leicht feuchte Haut ein. Im Gesicht können Sie statt des Öls Ihre gewohnte Tagescreme einmassieren.

Sind Sie in Eile? Für diese kleine Massage reichen selbst fünf Minuten aus. Trotzdem gibt sie Ihnen das Gefühl, schon zum Start in den Tag gut für sich gesorgt zu haben. Ihre Haut wird es Ihnen danken.

Gesunde Haut bedeutet übrigens auch eine gesunde Abgrenzung zur Außenwelt – seien es renitente Schüler, genervte Kollegen oder fordernde Eltern. Sie können – gut geölt – in Ihrer Mitte bleiben und Kompetenz, Ruhe und Herzlichkeit ausstrahlen.

© AOL-Verlag

F wie Frühstückstee à la Ayurveda

Ingwerwasser: wach und gesund in den Tag starten

Als Wachmacher am Morgen ist Ingwerwasser das ideale Getränk. Es wirkt reinigend, ist die gesunde Alternative zu Kaffee und liefert mit seiner angenehmen Schärfe genau den richtigen Energiekick für den Start in den Tag.

So wird's gemacht

Geben Sie ca. einen Liter Wasser in einen großen Topf und fügen Sie geschälten und in Scheiben geschnittenen Ingwer (ca. eine halbe Daumenlänge) hinzu. Kochen Sie dies auf und lassen Sie das Ingwerwasser dann auf kleiner Flamme ca. zehn bis 20 Minuten weiterköcheln.

Trinken Sie eine Tasse des frisch zubereiteten Ingwerwassers am besten schon vor dem Frühstück. Machen Sie eine kleine Teezeremonie daraus und genießen Sie jeden Schluck des belebenden und angenehm wärmenden Getränks ganz bewusst.

Füllen Sie den Rest in eine große Thermoskanne, die Sie mit in die Schule nehmen. Trinken Sie dann über den Schultag verteilt immer mal wieder ein paar Schlückchen des warmen Ingwerwassers. So können Sie sich den ganzen Tag lang mit der Ruhe und Zentriertheit Ihrer morgendlichen Teezeremonie verbinden. Sie holen sich durch die anregenden Eigenschaften des Ingwers neue Energie und lassen gleichzeitig durch die angenehme Wärme des Getränks innerlich los.

Das ist Entspannung pur aus der Tasse – den ganzen Tag lang.

G wie Guter Vorsatz

Affirmation wiederholen: bewusst in den Alltag hinausgehen

Bevor Sie das Haus verlassen, halten Sie an der Tür noch einmal kurz inne. Besinnen Sie sich auf die Affirmation, den guten Vorsatz, den positiven Gedanken, den Sie vor dem Aufstehen gefasst hatten. Wie lautete er noch gleich? *„Ich komme heute im Alltag immer wieder zu meiner entspannten Mitte zurück"*, *„Ich freue mich auf den Tag"* – oder vielleicht anders?

Nehmen Sie sich noch einmal ein paar Sekunden Zeit, in den Körper hineinzuspüren, tief durchzuatmen, innerlich loszulassen und die Affirmation zu wiederholen. Denken Sie den Vorsatz, flüstern Sie ihn oder sprechen Sie ihn laut aus, wenn Ihnen das hilft.

Kultivieren Sie eine innere Haltung der Dankbarkeit. Freuen Sie sich auf die Schüler, die Sie heute beglei- ten und unterstützen dürfen. So sind Sie bestens gerüstet für einen positiven Start in den Schultag.

H wie Hinweg

Auf dem Schulweg entspannen

Egal, ob Sie mit dem Auto, mit öffentlichen Verkehrsmitteln, zu Fuß oder mit dem Fahrrad in die Schule kommen: Es gibt immer die Möglichkeit für eine kleine aktive Entspannungseinheit.

Im Auto: Schultern kreisen

Im Auto können Sie bei kurzen Stopps an der Ampel prima Ihre Schultern durch rückwärtskreisende Bewegungen lockern: einatmend die Schultern von vorne nach oben, ausatmend über hinten nach unten rollen.

Kreisen Sie Ihre Schultern, solange die Ampel rot ist. Bei Grün geht es weiter im Verkehr – und Sie können sich schon auf die nächste Kreuzung mit Schulter-

Work-out freuen. So verlieren die roten Ampeln auf dem Arbeitsweg ihren Schrecken.

In Bus und Bahn: Meditieren

In öffentlichen Verkehrsmitteln haben Sie noch besser die Möglichkeit, Ihre Aufmerksamkeit ganz nach innen zu lenken. Haben Sie es heute Morgen nach dem Aufstehen vielleicht nicht geschafft, Ihre kurze Meditation zu praktizieren? Dann ist jetzt genau die richtige Zeit dafür. Wie es geht, können Sie unter „C wie Cool bleiben" nachlesen.

Manchmal fühlt man sich anfangs beobachtet oder unsicher, wenn man in öffentlichen Räumen die Augen schließt und meditiert. Das Konzentrieren fällt in Bus oder Bahn eventuell etwas schwerer als zu Hause. Üben Sie Ihre Meditationstechnik daher zunächst regelmäßig zu Hause. Mit der Zeit wird es Ihnen immer leichter fallen, auch unter Menschen die Aufmerksamkeit nach innen zu lenken. Seien Sie sich bewusst: Sie strahlen während der Meditation viel Ruhe und Gelassenheit aus und davon profitieren auch die Menschen um Sie herum.

Zu Fuß oder mit dem Fahrrad: Fitness steigern

Ideal ist es natürlich, wenn Sie die Möglichkeit haben, zu Fuß oder mit dem Fahrrad in die Schule zu kommen. Dann können Sie viel frische Luft tanken und gleichzeitig etwas für Kondition und Muskelaufbau tun. Tragen Sie am besten bequeme, flache Schuhe und seien Sie ruhig etwas zügiger unterwegs.

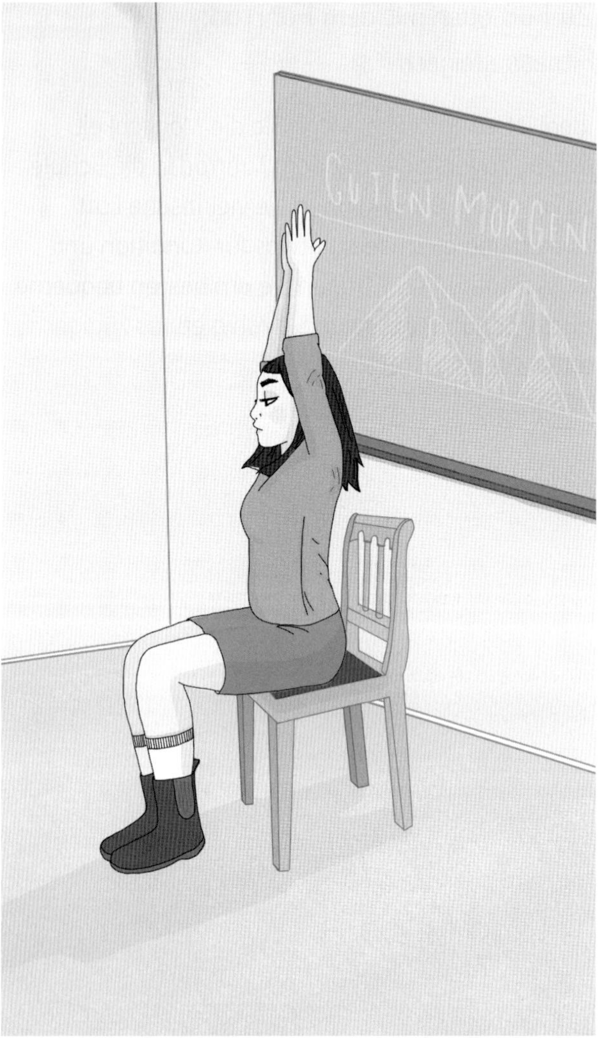
GUTEN MORGEN

I wie In die Schule kommen

Berg: aufrecht und mit viel Energie in den Unterricht gehen

Wenn Sie in der Schule ankommen, achten Sie bewusst darauf, Ihre ruhige und zentrierte Energie des Morgens nicht sofort wieder zu verlieren. Natürlich strömen nun viele Eindrücke und Anforderungen auf Sie ein, aber Sie können in Ihrer Mitte bleiben. Nehmen Sie sich beim Ankommen ein paar Sekunden Zeit, um in den Körper hineinzuspüren, tief durchzuatmen, innerlich loszulassen und Ihre Affirmation zu wiederholen.

Gönnen Sie sich im Lehrerzimmer noch vor Unterrichtsbeginn einen kleinen yogischen Energiekick: Üben Sie den Berg. Er wird Sie innerlich und äußerlich aufrichten und Ihnen eine Extraportion Energie schenken.

So wird's gemacht

Setzen Sie sich aufrecht auf einen Stuhl. Rutschen Sie auf der Sitzfläche etwas nach vorn, lehnen Sie sich nicht an. Beide Fußsohlen haben guten Bodenkontakt. Die Füße stehen parallel und hüftbreit, die Knie sind ebenfalls hüftbreit geöffnet. Lassen Sie Ihren Scheitelpunkt nach oben wandern, richten Sie Ihre Wirbelsäule ganz auf.

Bewegen Sie nun mit dem Einatmen Ihre Arme gestreckt über die Seiten in einem großen Kreis nach oben und führen Sie die Handflächen über dem Kopf zusammen. Achten Sie darauf, die Schultern nicht nach oben in Richtung Ohren zu ziehen, sondern lassen Sie sie möglichst unten. Trotzdem sind die Arme so gut wie möglich gestreckt, die Oberarme befinden sich idealerweise neben den Ohren. Spüren Sie in Ihren unteren Rücken hinein, er sollte sich nicht im Hohlkreuz befinden. Ziehen Sie gegebenenfalls Ihr Schambein ein wenig Richtung Bauchnabel nach oben, um den unteren Rücken aufzurichten.

Bleiben Sie nun zehn bis 30 Atemzüge im Berg. Atmen Sie tief und gleichmäßig in Bauch und Brust. Spüren Sie die Kraft und Energie der Haltung.

Zum Herauskommen bringen Sie die Arme mit dem Ausatmen in einem weiten Kreis wieder nach unten. Lockern Sie die Schultern, indem Sie sie sanft bewegen oder rückwärtskreisen. Spüren Sie kurz mit geschlossenen Augen nach.

J wie Jetzt nicht

Nicht jeder Anforderung sofort nachkommen

Wenn Sie die in diesem Buch vorgestellten Übungen in Ihren Alltag einbauen, führt das zu einer entspannten und innerlich stabilen Grundhaltung. Dazu gehört auch, dass Sie Ihre eigenen Bedürfnisse ehrlich und achtsam wahrnehmen und ihnen in gewissem Maße Vorrang vor Anforderungen von außen geben. Denn nur, wenn Sie selbst in Ihrer Mitte ruhen und genügend innere Kraft und positive Energie haben, können Sie Ihre Schüler und Kollegen gut unterstützen.

Sie kennen das Prinzip sicher aus dem Flugzeug: In der Sicherheitsunterweisung wird man daran erinnert, sich im Notfall zuerst die eigene Sauerstoffmaske aufzusetzen, bevor man Kindern und hilfsbedürftigen Personen beisteht. Gerade für Sie als Lehrerin in einem helfend-erziehenden Beruf gilt: Achten Sie auf sich selbst, lassen Sie nicht zu, dass Ihre Energiereserven während des Schuljahres so leer werden, dass Sie nur mit Mühe bis zu den nächsten Ferien durchhalten.

Das heißt selbstverständlich nicht, dass Sie sich ab jetzt in eine Egoistin verwandeln sollen, die grundsätzlich alle Bitten abschlägt, niemandem hilft und nur noch sich selbst sieht. Natürlich ist es auch erfüllend und wichtig, die Schüler und das Kollegium zu unterstützen – so gut Sie können, aber nicht bis zur Selbstaufgabe.

Für die Praxis bedeutet das: Wenn Schulleitung, Kollegen, Schüler oder Eltern etwas von Ihnen wollen, sagen Sie nicht reflexartig sofort Ja. Atmen Sie lieber erst einmal kurz durch, spüren Sie in Ihren Körper hinein und lassen Sie innerlich los. Prüfen Sie, ob Sie sich wirklich willens und in der Lage fühlen, Ihrem Gegenüber seinen Wunsch jetzt sofort zu erfüllen.

Sie können sich Bedenkzeit erbitten, bevor Sie zu- oder absagen. Oder Sie können versprechen, sich später darum zu kümmern – zu einem Zeitpunkt, der *Ihnen* passt. Dafür haben die meisten Menschen Verständnis – vor allem, wenn man es nett und souverän herüberbringt.

Sollten Sie feststellen, dass Sie Nein sagen möchten (und es sonst vielleicht gewohnt sind, Ihren Mitmenschen jeden Wunsch von den Lippen abzulesen), kann sich das zunächst einmal ganz schön mies anfühlen. Unter Umständen meldet sich das schlechte Gewissen und suggeriert Ihnen, dass Sie Ihre Umwelt im Stich lassen und nicht für andere da sind. Wenn das der Fall ist, denken Sie daran: Selbstfürsorge geht vor! Nur wenn Sie selbst in Ihrer Kraft sind, können Sie auf lange Sicht anderen helfen.

Die gute Nachricht: Es wird mit ein wenig Übung immer leichter, auch mal Nein zu sagen. Und Sie werden lernen, Ihr Nein so souverän und charmant herüberzubringen, dass Ihnen niemand böse sein kann.

So werden Sie zu einem Vorbild in puncto Selbstfürsorge und können mit Ihrer ganzen Kraft und mit positiver Energie im Schulalltag präsent sein.

K wie Klassenzimmer

Drehsitz: Perspektive wechseln und Rückenmuskeln dehnen

Auch während des Unterrichts können Sie sich ein wenig bewegen und dehnen, ohne dass die Schüler viel davon merken: zum Beispiel mit dem Drehsitz auf dem Stuhl, einer Übung aus dem Yoga. Diese Drehsitzvariante bietet sich an, wenn ein Schüler etwas an die Tafel schreibt und Sie sich im Sitzen dorthin umdrehen. Oder Sie können während der Stillarbeit für sich einen kleinen Perspektivwechsel mit dem Drehsitz durchführen.

Wichtig: Achten Sie beim Drehsitz immer darauf, ihn in beide Richtungen (nach links und nach rechts) ungefähr gleich lang auszuführen.

So wird's gemacht

Sie sitzen gerade und mit vollkommen aufgerichteter Wirbelsäule auf dem Stuhl. Die Fußsohlen sind gut im Boden verankert, Ihre Sitzhöcker haben stabilen Kontakt zur Sitzfläche des Stuhls. Ihr Scheitelpunkt strebt einatmend noch ein klein wenig mehr nach oben, Sie richten sich so weit wie möglich auf.

Drehen Sie nun ausatmend Ihren Oberkörper nach links, die linke Schulter strebt nach links hinten, der Blick schweift über die linke Schulter nach hinten. Sie können Ihren linken Arm auf der Stuhllehne ablegen (wenn diese nicht zu hoch ist) oder hinter der Lehne nach unten hängen lassen. Die rechte Hand liegt auf dem linken Oberschenkel.

Bleiben Sie in dieser Haltung. Lassen Sie mit jedem Einatmen Ihren Scheitelpunkt weiter nach oben wachsen. Mit jedem Ausatmen dreht Ihre linke Schulter noch ein wenig mehr nach links hinten.

Gehen Sie nur bis zu Ihrer Dehnungsgrenze. Das ist der Punkt, an dem Sie wahrnehmen, dass es mit der Bewegung nicht weitergeht, und an dem Sie eine deutliche, aber nicht schmerzhafte Dehnung in den Rückenmuskeln spüren.

Kommen Sie nach ca. zehn Atemzügen langsam zurück zur Mitte. Wiederholen Sie die Übung genauso lang zur anderen Seite, gehen Sie nun also in die Drehung nach rechts.

Tipp: Üben Sie den Drehsitz auf dem Stuhl zunächst zu Hause, damit Sie die Bewegung kennenlernen. Sobald Ihrem Körper die Stellung geläufig ist, können Sie sie mühelos und unauffällig in der Klasse ausführen.

Wenn Sie etwas geübter sind, können Sie als kleine Herausforderung versuchen, Ihre Aufmerksamkeit im eigenen Körper zu bewahren und die Stellung wahrzunehmen, gleichzeitig aber auch die Klasse in einem peripheren Fokus der Aufmerksamkeit zu halten.

Genießen Sie die Dehnung des Rückens und die neue Perspektive, die der Drehsitz bringt.

K wie Kopierer

Halber Tänzer: Brustkorb weiten, Oberschenkel und Hüften beweglicher machen

Kurze Wartezeiten am Kopierer können Sie für eine aktive Entspannung nutzen: mit einer Variante der Yogaübung „Tänzer". Stehen Sie beim Kopieren oder Drucken meistens untätig neben dem Gerät und warten mehr oder weniger geduldig, bis endlich alle Exemplare für die Schüler fertig sind? Solche kurzen Wartezeiten im Stehen können Sie prima für den Halben Tänzer nutzen.

Mit der Übung öffnen Sie Ihre Brust und lassen den Herzraum weit werden. Außerdem dehnen Sie die Oberschenkelvorderseite und die Leistengegend, deren Muskeln durch das viele Sitzen im Alltag oft verkürzt sind.

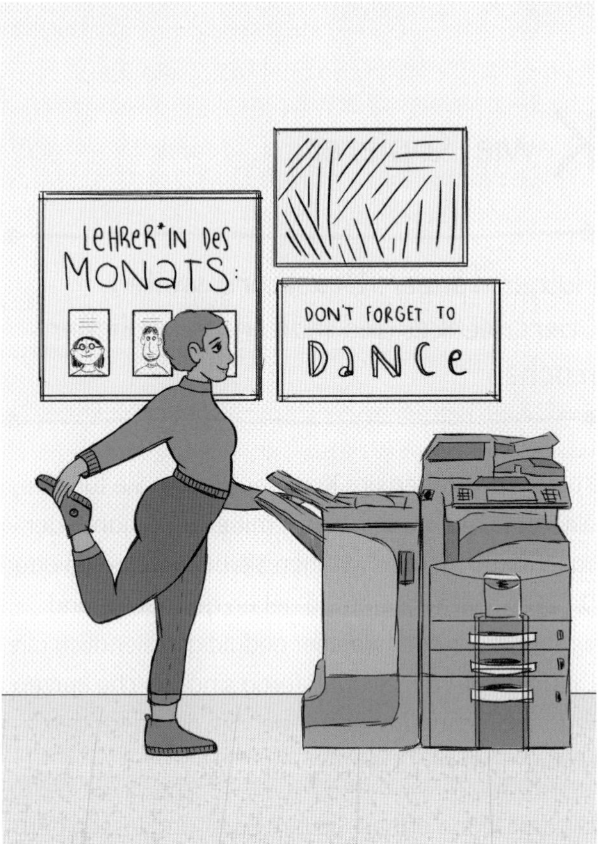
LEHRER*IN DES
MONATS:
DON'T FORGET TO
DANCE

So wird's gemacht

Stellen Sie sich recht nah an den Kopierer und ver-
lagern Sie Ihr Gewicht auf das linke Bein. Halten Sie
sich mit der linken Hand am Kopierer fest. Spannen
Sie den Beckenboden und die Gesäßmuskeln leicht
an.

Bringen Sie nun die rechte Ferse in Richtung Gesäß
und umfassen Sie mit der rechten Hand das rechte
Fußgelenk. Bleiben Sie mit dem Becken mittig nach
vorn ausgerichtet, drehen Sie es nicht nach rechts
oder links. Ziehen Sie die rechte Ferse so weit zum
Gesäß heran, bis Sie eine deutliche, aber noch angenehme Dehnung in der rechten Oberschenkelvorderseite bzw. in der Leistengegend spüren. Das linke
Bein bleibt gestreckt und stabil. Schieben Sie das
Becken tendenziell nach vorn.

Atmen Sie tief in Bauch und Brust. Heben Sie mit
jedem Einatmen das Brustbein nach vorne oben an
und lassen Sie so Ihren Brustkorb und Ihren Herzraum weit werden. Ihr Scheitelpunkt strebt nach
oben. Lassen Sie mit jedem Ausatmen Ihre Schultern nach hinten und unten sinken.

Bleiben Sie ca. zehn ruhige Atemzüge in der Stellung. Senken Sie dann mit einem Ausatmen den rechten Fuß wieder zum Boden ab und lockern Sie den Körper kurz.

Wechseln Sie dann das Standbein, sodass Ihr Gewicht auf dem rechten Fuß ruht. Führen Sie die Übung genauso lang auf der zweiten Körperseite aus.

Fortgeschrittene Variante

Wenn Sie zusätzlich zu den beschriebenen Wirkungen im Tänzer auch noch Ihr Gleichgewicht schulen möchten, halten Sie sich dabei nicht am Kopierer fest, sondern strecken jeweils den Arm, der nicht das Fußgelenk umgreift, nach oben aus. Die Schulter wird dabei nicht mit hochgezogen. Trotzdem ist der Arm möglichst gestreckt bis in die Fingerspitzen.

Diese Variante sieht natürlich viel mehr nach „klassischer Yogaübung" aus, und Sie machen Ihre Kollegen vielleicht neugierig. Auch wenn Sie anfangs wahrscheinlich eher die einfachere und unauffälligere Form der Übung bevorzugen, werden

Sie mit der Zeit vielleicht mutiger, den Tänzer in seiner vollen Schönheit und Lebensfreude zu zeigen. Wer weiß, vielleicht macht Sie das zum Vorbild in puncto „aktive Entspannung" im Kollegium?!

L wie Lehrerzimmer

Katze auf dem Stuhl: genüsslich dehnen und lockern

Diese Variante der Yogaübung „Katze" können Sie ganz einfach ohne Yogamatte ausführen: am besten im Lehrerzimmer, wo Sie ein paar ruhige Minuten, einen Stuhl und einen Tisch zur Verfügung haben. Sie können mit der Katze den gesamten Rücken lockern und eventuell verspannte Muskeln dehnen.

So wird's gemacht

Setzen Sie sich auf den vorderen Teil der Sitzfläche Ihres Stuhls. Die Füße haben guten Bodenkontakt, zwischen Unter- und Oberschenkel ist jeweils ein rechter Winkel. Auch die Oberschenkel und der Rumpf sind im rechten Winkel zueinander ausgerichtet. Legen Sie Ihre Handflächen auf den Tisch vor sich.

Rollen Sie nun mit dem Ausatmen Ihren Oberkörper klein zusammen, indem Sie die Stirn in Richtung Bauch absenken. Der Rücken wird ganz rund. Einatmend heben Sie Ihr Brustbein wieder an und bringen es so weit wie möglich nach oben, ziehen die Schultern nach hinten unten und bringen Ihren Rücken in eine angenehme, leichte Rückbeuge. Währenddessen pressen Sie Ihre Handflächen auf den Tisch und spannen Ihre Muskeln so an, als würden Sie versuchen, die Handflächen zu sich zu ziehen, ohne dass diese sich jedoch auch nur einen Millimeter auf dem Tisch bewegen. Dadurch erreichen Sie eine noch weitere Öffnung und Dehnung der Körpervorderseite.

Ausatmend bringen Sie Ihren Oberkörper dann wieder in die zusammengerollte Haltung: Stirn Richtung Bauch, danach wieder einatmend in die Öffnung und so weiter.

Führen Sie diese Bewegungsfolge ca. zehnmal im Atemrhythmus aus. Atmen Sie immer langsam, tief und gleichmäßig in den Bauch, lassen Sie Ihre Bewegungen ebenso langsam und fließend wie

Ihren Atem werden. Spüren Sie anschließend im geraden Sitz auf dem Stuhl nach und nehmen Sie die angenehme Lockerung im gesamten Oberkörper wahr.

L wie Lehrerkonferenz

Wurzelverschluss: neue Energie aus dem Beckenboden

Eine hervorragende Übung, die man immer dann durchführen kann, wenn von außen nichts sichtbar sein soll, ist das Anspannen des Beckenbodens, im Yoga „Wurzelverschluss" genannt. Diese Übung können Sie zum Beispiel während der Lehrerkonferenz machen, aber auch in der Pause, während einer Klassenarbeit oder in der Warteschlange an der Supermarktkasse. Es funktioniert im Sitzen, Stehen und Liegen.

Der Wurzelverschluss bringt neue Energie, sorgt für eine gute Durchblutung im Beckenraum und hält die inneren Organe langfristig gesund, weil diese eine stabile Basis im Becken bekommen. Die Übung hat noch viele weitere positive Wirkungen, sowohl körperliche als auch energetische. Es gibt sogar

spezielle Kurse zum Training des Beckenbodens –
nicht nur für Frauen nach einer Geburt, sondern für
alle Menschen, die von dieser wirkungsvollen Praxis
profitieren möchten.

So wird's gemacht

Spannen Sie einfach – in welcher Situation auch
immer – den Beckenboden an, entweder sanft oder
etwas stärker. Lassen Sie nach einer Weile die Anspannung wieder los, pausieren Sie kurz und versuchen Sie, den Unterschied zwischen Anspannung
und Entspannung im Beckenboden zu erspüren.
Wiederholen Sie dann den Wurzelverschluss nach
Gefühl noch einige Male.

Sie werden schnell ein Gefühl dafür bekommen,
wann die Muskeln des Beckenbodens eine Pause
brauchen. Oft löst sich dann die Anspannung von
allein. Mit der Zeit und nach regelmäßigem Training
wird der Beckenboden – wie alle Muskeln unseres
Körpers – kräftiger und Sie können die Übung länger
durchführen.

Genießen Sie das Plus an Energie, Lebensfreude und
Gesundheit, das ein kräftiger und gleichzeitig ent-
spannter Beckenboden mit sich bringt.

M wie Mittagspause

Kurzer Spaziergang und Halber Sonnengruß

Versuchen Sie, wenn es irgendwie geht, in der Mittagspause ein bisschen frische Luft zu schnappen. Ein kurzer Spaziergang oder zumindest ein paar Schritte vor der Tür sind bei jedem Wetter möglich. Für regnerische Tage können Sie vielleicht eine Regenjacke oder einen Schirm in der Schule deponieren, sodass der innere Schweinehund keine Chance hat.

Ein Spaziergang ist auch eine sehr gute Gelegenheit, noch weitere Bewegungsübungen einzubauen. Der Halbe Sonnengruß aus dem Yoga ist dafür hervorragend geeignet, denn für ihn brauchen Sie – im Gegensatz zum klassischen Sonnengruß – keine Yogamatte.

Und sollten Sie doch einmal gar keine Lust auf ein paar Minuten im Freien haben, können Sie den Halben Sonnengruß auch am offenen Fenster üben – vielleicht im Lehrerzimmer oder in einem leeren Klassenraum.

So wird's gemacht

Suchen Sie sich ein ruhiges Plätzchen im Grünen. Richten Sie Ihre Füße ungefähr hüftbreit und parallel aus. Verwurzeln Sie sich über die Fußsohlen, durch die Schuhe hindurch, gedanklich in der Erde.

Bringen Sie ausatmend die Handflächen vor Ihrem Herzen zur Grußgeste zusammen. Die Unterarme sind in einer Linie, parallel zum Boden. Legen Sie ein leichtes Lächeln auf Ihre Lippen.

Bringen Sie mit einem Einatmen die Arme über vorn nach oben. Die Arme sind nun nach oben über den Kopf gestreckt, die Schultern sind jedoch nicht hochgezogen, sondern sie bleiben hinten und unten. Die Handflächen zeigen zueinander und die Hände sind schulterbreit geöffnet.

Ausatmend bringen Sie die Arme in einem weiten Bogen über die Seiten nach unten. Beugen Sie Ihre Knie an, so weit, wie es nötig ist, und legen Sie Ihre

Handflächen – wenn der Untergrund es erlaubt – neben den Füßen ab. Sollte der Boden nicht sehr einladend wirken, legen Sie Ihre Hände einfach auf Ihren Fußrücken/Schuhen ab. So bleiben die Hände sauber. Wenn sich der Rücken gut fühlt, können Sie ihn in der Vorbeuge sanft runden und den Kopf locker hängen lassen, um den Nacken und den oberen Rücken zu dehnen. Die Knie sind immer noch gebeugt, wenn dies nötig ist, aber nur so weit, dass Sie trotzdem eine deutliche Dehnung in den Beinrückseiten spüren.

Einatmend kommen Sie nun auf Ihre Fingerspitzen, heben den Rumpf etwas an und lassen den Rücken ganz gerade und lang werden. Die Fingerspitzen behalten Bodenkontakt, der Kopf befindet sich in Verlängerung der Wirbelsäule, die Knie können immer noch leicht angebeugt sein.

Ausatmend beugen Sie sich wieder nach unten und legen die Handflächen auf dem Boden neben den Füßen oder auf den Fußrücken ab – wie bereits beschrieben.

Richten Sie einatmend den Rumpf mit geradem Rücken wieder auf und bringen Sie gleichzeitig die gestreckten Arme im weiten Bogen über die Seiten nach oben. Bringen Sie die Handflächen über dem Kopf zusammen. Senken Sie dann die Hände in einer geraden Linie zurück vor Ihr Herz.

Nun geht es weiter mit der zweiten Runde: einatmend wieder die Hände über vorne nach oben bringen und so weiter.

Üben Sie den Halben Sonnengruß mindestens zehnmal im Fluss Ihres Atems – in ruhigen, gleichmäßigen Bewegungen. Spüren Sie dann im Stehen nach und nehmen Sie die belebende Wirkung dieser Yogaübung bewusst wahr.

N wie Noch mal tief durchatmen

Yogische Vollatmung: frischen Sauerstoff tanken

Am Ende der Mittagspause, bevor es zurück in die Klasse geht, können Sie sich mit der Yogischen Vollatmung noch einmal einen kleinen Sauerstoffkick gönnen. Am besten funktioniert das im Freien oder zumindest am offenen Fenster.

So wird's gemacht

Stellen Sie die Füße hüftbreit auf und bleiben Sie in den Knien locker. Nehmen Sie einen tiefen Atemzug durch die Nase und führen Sie Ihren Atem während dieses tiefen Einatems nacheinander in die folgenden drei Atemräume:

- zuerst in Bauch und unteren Rücken, sodass sich die Bauchdecke nach vorn wölbt
- dann in den Brustraum, sodass sich die Rippen zu den Seiten weiten und sich die Brust leicht hebt
- zuletzt in die Schlüsselbeinregion, sodass sich die Schlüsselbeine ganz leicht anheben

Das Ausatmen (ebenfalls durch die Nase) wird dann genau andersherum geführt:

- Zuerst sinken die Schlüsselbeine wieder leicht ab.
- Dann senkt sich die Brust.
- Zuletzt bewegt sich die Bauchdecke nach innen und kann am Ende der Ausatmung auch mithilfe der Bauchmuskeln nach innen gezogen werden.

Meist bedarf es etwas Übung, bis man die Atemhilfsmuskeln so gut koordinieren kann, dass die Yogische Vollatmung wirklich rund und fließend läuft. Bleiben Sie dran – es lohnt sich!

Übrigens: Sie können die Übung auch im Sitzen oder im Liegen durchführen. Wenn Sie diese Atemtechnik sicher beherrschen, kann sie auch im Gehen oder beim Laufen eingesetzt werden – und sorgt dann für einen extra Energieschub.

O wie Ortswechsel

Halbe Vorbeuge im Stehen: Beinrückseiten und Schultern dehnen

Wenn Sie gerade von einem Raum zum anderen unterwegs sind und zwei Minuten erübrigen können, suchen Sie sich doch ein ruhiges Eckchen und dehnen Sie Ihre Schultern und Beinrückseiten. Das fühlt sich nach langem Sitzen ganz wunderbar an und kann nebenbei auch Ihren Rücken entlasten.

So wird's gemacht

Sie brauchen für diese Übung nur einen Tisch, eine Stuhllehne, einen Fenstersims oder eine Wand als Widerstand.

Stellen Sie sich mit hüftbreit geöffneten, parallel ausgerichteten Füßen auf – ungefähr so weit vom Widerstand entfernt, dass Sie den Oberkörper

parallel zum Boden ausrichten und dann mit ausgestreckten Armen die Hände bequem auf dem Widerstand ablegen können. Sollten Sie beim Raumwechsel keinen Tisch, Stuhl oder Fenstersims zur Verfügung haben: Zumindest eine freie Wand lässt sich meistens finden.

Strecken Sie einatmend die Arme ganz lang nach oben, die Handflächen zeigen nach vorn. Strecken Sie dabei auch Ihren Rücken ganz lang und lassen Sie Ihren Scheitelpunkt so weit wie möglich nach oben wachsen.

Beugen Sie sich ausatmend mit ganz geradem Rücken aus den Hüftgelenken nach vorn. Legen Sie Ihre Handflächen auf den Tisch, die Stuhllehne, den Fenstersims oder in Hüfthöhe an die Wand. Der Rücken bleibt gerade, der Kopf wird in Verlängerung der Wirbelsäule gehalten, der Scheitelpunkt strebt vom Steißbein weg.

Bleiben Sie in der Haltung und atmen Sie langsam und tief – wie immer durch die Nase – ein und aus. Stellen Sie sich vor, dass Ihr Atem bis in die gedehnten Körperbereiche fließt – wahrscheinlich spüren Sie eine Dehnung in den Beinrückseiten, vielleicht auch in den Schultern oder im Rücken. Atmen Sie

dort für mindestens zehn tiefe, langsame Atemzüge.

Wenn Sie die Haltung wieder verlassen möchten,
kontrahieren Sie den Beckenboden, beugen die Knie
leicht an und bringen dann einatmend Ihre Arme
mit ganz langem, gestrecktem Rücken nach oben.
Lassen Sie noch einmal Ihren Scheitelpunkt möglichst weit Richtung Himmel wachsen und senken
Sie dann ausatmend die Arme über die Seiten
wieder neben den Körper ab.

Spüren Sie in Ihren Rücken und Ihre Schultern hinein.
Vielleicht fühlen sie sich ein wenig gedehnter, weiter, offener. Das Hineinspüren funktioniert übrigens
auch im Gehen – falls Sie sofort weitermüssen oder
sich schon ein neugieriger Zuschauer in Ihre ruhige
Ecke verirrt hat.

P wie Pausenaufsicht

Bewusstes Gehen: Achtsamkeit schulen und erden

Brauchen Sie ganz dringend Urlaub auf einer kleinen Insel der Achtsamkeit? Dann kombinieren Sie Ihre Pausenaufsicht doch mal mit achtsamem Gehen. Durch das achtsame Spüren der Gehbewegung und der Fußsohlen können Sie sich ganz bewusst erden – ein wunderbares Mittel gegen Stress und Kopflastigkeit.

So wird's gemacht

Gehen Sie ganz ruhig und langsam auf dem Schulhof herum. Von außen braucht niemand zu sehen, dass Sie gerade eine Gehmeditation genießen.

Setzen Sie achtsam einen Fuß vor den anderen. Spüren Sie ganz genau, wie und wo die Fußsohle

Kontakt mit dem Boden aufnimmt, wo das Gewicht des Körpers spürbar ist und wie sich der Fuß wieder vom Boden löst.

Werden Sie sich wieder und wieder bewusst, wie Sie über Ihre Füße mit der Erde verbunden sind. Spüren Sie, wie Sie von der Erde getragen werden, wie Sie Ihr Gewicht (und vielleicht auch Gedanken und Sorgen) an sie abgeben können, wie Sie loslassen können.

Lenken Sie während der Übung Ihre gesamte Aufmerksamkeit in Ihre Füße. Sie kennen es schon aus der Meditation: Wenn andere Gedanken kommen, nehmen Sie dies wertfrei wahr, lassen die Gedanken wieder los und bringen Ihre Aufmerksamkeit zurück zu den Fußsohlen.

Viel Freude beim Erden und bewussten Gehen auf der kleinen Insel der Achtsamkeit.

P wie Pinkelpause

Wechselatmung: SOS bei Stress

Wenn die Stresswellen während des Tages über Ihnen zusammenschlagen und Sie das Gefühl haben, sich ganz dringend mal zurückziehen zu müssen, ist das stille Örtchen manchmal vielleicht nicht die schönste, aber die einzige Möglichkeit, ein paar Minuten allein zu sein und sich wieder zu zentrieren.

Schnell und relativ sicher klappt das mit der Wechselatmung – der yogischen Wunderwaffe gegen Stressattacken, energetisches Ungleichgewicht und sonstige Unbill des Lebens.

So wird's gemacht

Setzen Sie sich auf den Toilettendeckel, die Fußsohlen gut geerdet auf dem Boden, der Rücken ist

gerade aufgerichtet. Der Scheitelpunkt strebt nach oben – das kennen Sie ja schon aus anderen Übungen.

Ihre linke Hand können Sie entspannt auf dem linken Oberschenkel ablegen, vielleicht bringen Sie Daumen- und Zeigefingerspitze zusammen.

Klappen Sie nun den Zeige- und Mittelfinger der rechten Hand nach innen Richtung Handfläche. Daumen, Ringfinger und kleiner Finger bleiben locker gestreckt. So haben Sie eine Art Zange aus Daumen und Ringfinger geformt, mit der Sie gleich Ihre Nasenöffnungen verschließen werden.

Atmen Sie noch einmal tief und vollständig durch beide Nasenöffnungen ein und aus. Bringen Sie dann den Daumen der rechten Hand an Ihren rechten Nasenflügel und verschließen Sie das rechte Nasenloch durch sanften Druck des Daumens in der kleinen Kuhle kurz oberhalb des Nasenflügels. Atmen Sie links tief und vollständig ein.

Verschließen Sie nun auch das linke Nasenloch mit Ihrem Ringfinger durch leichten Druck des Ringfingers auf die kleine Kuhle oberhalb des linken Nasenflügels. Lösen Sie den rechten Daumen und atmen Sie rechts tief und vollständig aus. Atmen Sie gleich rechts wieder ein, verschließen Sie kurz beide Nasenöffnungen, lösen Sie dann den Ringfinger und atmen Sie links wieder aus.

Dies war eine Runde Wechselatmung. Atmen Sie noch einige Male auf diese Weise (wenn möglich mindestens zehnmal) und beenden Sie die Übung mit dem Ausatmen links.

Sie können den Atem während der Übung einfach frei fließen lassen. Oder Sie verlängern das Ausatmen, sodass es doppelt so lang wie das Einatmen wird (dafür am besten die Sekunden beim Ein- und Ausatmen mitzählen).

Wichtig: Für alle Atemübungen gilt, dass der Atem nie gezwungen werden sollte, dass man nie in Atemnot geraten sollte. Atmen Sie bei der Wechselatmung so, wie es für Sie angenehm ist, und beenden Sie die Übung, falls Sie sich unwohl fühlen sollten.

Spüren Sie dann der Wechselatmung kurz nach. Vielleicht können Sie den ausgleichenden, zentrierenden Effekt sofort wahrnehmen. Danach geht es mit neuem Schwung und weniger Stress zurück in den Schultag.

Q wie Quatsch machen

Lehrerzimmerlöwe: negative Emotionen loslassen

Lachen ist die beste Medizin – damit liegt die Volksweisheit ganz richtig. Auch gegen Schulstress und dicke Luft im Lehrerzimmer hilft ein bisschen Humor und Quatschmachen. Beim Lehrerzimmerlöwen darf gelacht werden!

Motivieren Sie am besten ein paar (nicht zu bitterernste) Kollegen zum Mitmachen. Zusammen macht diese Übung noch viel mehr Spaß.

Öffnen Sie die Fenster für frische Luft und neue Energie.

So wird's gemacht

Setzen Sie sich auf einen Stuhl und erden Sie sich über Ihre Fußsohlen. Atmen Sie tief und vollständig

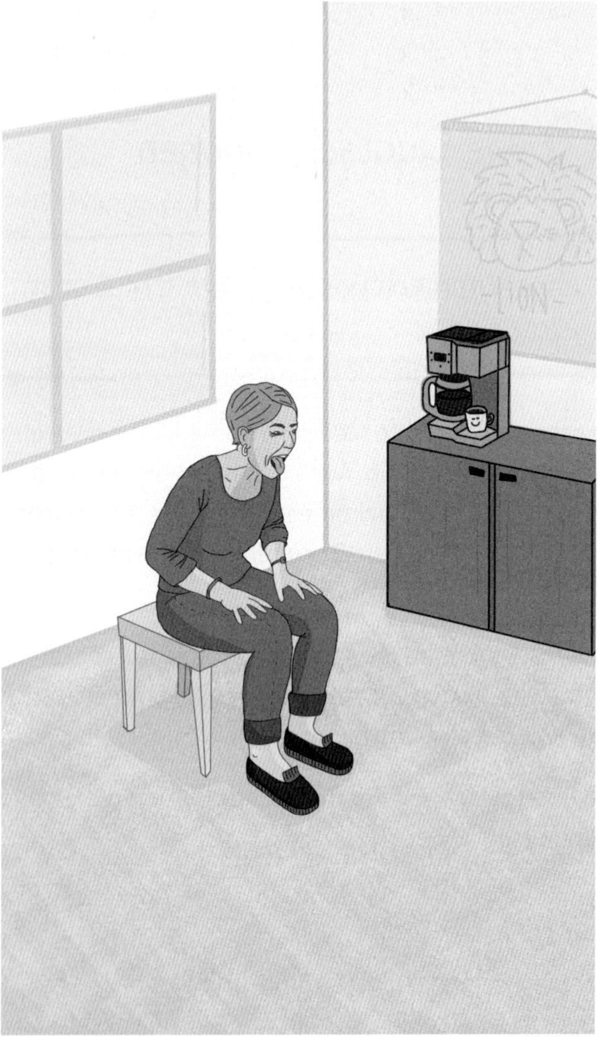

durch die Nase ein, dabei lassen Sie Ihren Scheitel-punkt weit nach oben wachsen. Öffnen Sie dann den Mund, strecken Sie die Zunge raus und atmen Sie mit einem Fauchen schnell und vollständig durch den Mund aus. Dabei können Sie den Bauch nach innen ziehen, den Oberkörper mit geradem Rücken leicht nach vorne bringen und die Hände auf den Oberschenkeln abstützen. Stellen Sie sich beim Ausatmen durch den Mund mit rausgestreckter Zunge vor, wie Sie alles rausfauchen, was Sie belas-tet, ärgert oder wütend macht. So wirkt der Löwe wunderbar befreiend und klärend.

Einatmend kommen Sie dann wieder mit geradem Rücken nach oben. Wiederholen Sie den Lehrerzim-merlöwen mindestens dreimal.

Variante für Mutige – mit noch größerem Effekt: Sie können beim Ausatmen auch tatsächlich laut und mit Stimme brüllen wie ein Löwe. Vor allem wenn Ihre Kollegen mitmachen, kann das die ganze Gruppe wunderbar zum Lachen bringen, angestaute negative Emotionen und Stress können sich in Luft auflösen. Zugegeben: Das kostet erst mal Überwin-dung. Aber es lohnt sich!

R wie Rückweg

Bewegung zum Stressabbau

Der Rückweg von der Schule ist eine hervorragende Gelegenheit, schon vor dem Nachhausekommen einiges an Ballast abzuwerfen. Versuchen Sie ganz bewusst, so viel Bewegung wie möglich in Ihren Rückweg einzubauen. Das hilft, körperliche Anspannungen loszulassen, Stresshormone abzubauen und sorgenvolle Gedanken in ihre Schranken zu weisen.

So wird's gemacht

Werden Sie beim Erfinden Ihres persönlichen Bewegungsprogramms kreativ – ein paar Ideen finden Sie hier:

Parken Sie Ihr **Auto** mal nicht direkt vor Ihrer Haustür, sondern ein wenig weiter weg. So können Sie sich noch einen kleinen Spaziergang gönnen.

Wenn Sie mit dem **Bus** fahren, steigen Sie eine oder zwei Haltestellen früher aus als gewohnt. Laufen Sie den Rest des Weges und freuen Sie sich über diese kurze Zeit des Alleinseins und der Ruhe.

Wenn Sie auf dem Rückweg sowieso **zu Fuß** unterwegs sind: Wie wäre es mit einem kleinen Powerwalk? Das geht zur Not auch mit einer Tasche über der Schulter (solange diese nicht zu schwer ist). Gehen Sie zügig und koordinieren Sie Ihre Schritte mit Ihrem Atem – zum Beispiel drei Schritte lang einatmen, drei Schritte lang ausatmen. Wenn Sie nichts tragen müssen, können Sie zur Lockerung der Schultern auch Ihre Arme in die Bewegung einbeziehen: Winkeln Sie die Ellenbogen leicht an und schwingen Sie die Arme abwechselnd locker vor und zurück.

Wenn Sie **Fahrrad** fahren, treten Sie ein wenig kräftiger als gewohnt in die Pedale. Nehmen Sie – wenn möglich – auch mal einen Hügel mit, um ordentlich ins Schwitzen zu kommen.

Wie auch immer Ihr Rückweg aussieht: Versuchen Sie, Ihr kleines Bewegungsprogramm dazu zu nutzen, nicht nur körperliche Anspannungen, sondern auch stressige Gedanken, Sorgen und Konflikte auf dem Weg zurückzulassen. Werfen Sie Schritt für Schritt etwas vom Ballast des Tages ab. Machen Sie es sich zum Ziel, möglichst leicht und erfrischt zu Hause anzukommen.

S wie Staubsaugen

Hausarbeit: das effiziente Work-out

Konnten Sie auf dem Rückweg nicht genug Bewegung einbauen, sodass Ihnen der Schulstress immer noch im Nacken sitzt? Dann probieren Sie mal, die (sonst oft lästige) Hausarbeit in einem anderen Licht zu sehen: als zeitsparendes, kostenloses und noch dazu praktisches Work-out.

So wird's gemacht

Egal, ob Sie staubsaugen, Ihr Bad auf Hochglanz bringen oder endlich mal wieder die Fenster putzen: Führen Sie alle Bewegungen ganz achtsam, aber trotzdem kraftvoll aus. Achten Sie immer darauf, dass Sie rückenschonend arbeiten, das heißt mit geradem Rücken, beim Heben leicht in die Knie gehend, ohne hastige Bewegungen – vor allem, solange Sie sich nach unten und zur Seite beugen.

Spannen Sie bewusst nur die Muskeln im Körper an, die Sie für die jeweiligen Bewegungen auch wirklich brauchen. Wenn Sie die Dusche putzen, kann das zum Beispiel ein hervorragendes Training für Ihre Arm- und Schultermuskeln sein, Ihre Stirn kann dabei aber völlig entspannen. Und die Mundwinkel dürfen sichtbar nach oben wandern!

Beobachten Sie auch Ihre innere Einstellung. Ärgern Sie sich vielleicht aus alter Gewohnheit, weil Sie Hausarbeit noch nie mochten und sie schlichtweg als anstrengenden Zeitfresser ansahen? Dann werden Sie sich dieses Ärgers bewusst. Nehmen Sie ihn möglichst wertfrei wahr, ohne sich dafür zu verurteilen, dass er da ist. Versuchen Sie aber auch, mal eine völlig neue Sichtweise auf die Hausarbeit zuzulassen. Genießen Sie es, Ihren Körper in den kraftvollen Bewegungen bei der Hausarbeit zu spüren. Nehmen Sie wahr, wann die Muskeln protestieren und schlapp-machen – und werden Sie sich klar, dass genau dann Muskelaufbau stattfindet. Sehen Sie Ihren Haushalt als Fitnessstudio ohne Anfahrtsweg und Monatsbeitrag.

Wenn es hilft, spielen Sie laut Ihre Lieblingsmusik und singen Sie mit. Ja, das Putzen darf Spaß machen!

T wie Teamarbeit als Familie

Alle helfen mit

Wenn Sie eine Familie haben oder in einer Partnerschaft leben, richten Sie mal bewusst Ihren Blick darauf, wie die Aufgaben im Haushalt verteilt sind. Ist es für Ihre Lieben eine Selbstverständlichkeit, dass Sie den Großteil der Familienarbeit leisten – und das, obwohl Sie berufstätig sind? Dann werden Sie sich darüber klar, ob Sie das so möchten. Wenn Sie zu dem Schluss kommen, dass Sie an den Zuständigkeiten etwas ändern wollen, kommunizieren Sie dies Ihrem Partner und auch Ihren Kindern (wenn sie dafür alt genug sind) klar und liebevoll.

Fragen Sie nach, wer welche Aufgaben übernehmen möchte und kann. Und achten Sie dann auch darauf, dass Sie nicht aus Gewohnheit (oder weil es – zumindest in Ihrer Wahrnehmung – niemand so gut erledigt wie Sie selbst) wieder in das alte Muster verfallen, für alles allein zuständig zu sein.

Selbstverständlich gilt: Wenn Sie zum Beispiel das Staubsaugen so richtig liebgewonnen haben, um – dabei laut singend – Ihren Schulstress loszuwerden, dürfen Sie das natürlich auch weiterhin tun.

U wie Unterricht vorbereiten

Venenpumpe: Beine entlasten

Während des Unterrichts sitzen und stehen Sie sicher recht viel. Das ist für die Beinvenen eine Belastung und die Folge können schwere, müde Beine am Abend sein.

Eine der Wunderwaffen für Venengesundheit und schöne Beine ist Bewegung. Haben Sie es heute geschafft, die bei „R wie Rückweg" vorgestellten Tipps in die Tat umzusetzen? Wie dem auch sei – sogar am Schreibtisch, wenn Sie Unterricht vorbereiten oder Klausuren korrigieren, können Sie etwas für Ihre Venenfitness tun: mit der Venenpumpe.

Die Übung sorgt dafür, dass die Beinmuskeln kontrahieren und die nahe gelegenen Venen komprimiert werden. Dadurch wird das Blut aus den Beinen leichter zurück zum Herzen transportiert.

So wird's gemacht

Setzen Sie sich auf Ihrem Schreibtischstuhl aufrecht hin. Die Füße stehen parallel und hüftbreit, die Fußsohlen haben guten Bodenkontakt. Zwischen Oberkörper und Oberschenkeln sowie zwischen Unter- und Oberschenkeln ist ein rechter Winkel. Die Knie befinden sich über den Fersen. (Tipp: Falls diese rechten Winkel nicht vorhanden sind, verändern Sie die Höhe der Sitzfläche Ihres Schreibtischstuhls. Oder stellen Sie – wenn Sie eher klein sind – einen Schemel unter Ihre Füße bzw. legen Sie – wenn Sie eher groß sind – ein dickes Kissen auf den Stuhl.)

Beginnen Sie nun, gleichzeitig die rechte Fußspitze und die linke Ferse zu heben. Bringen Sie beide wieder zum Boden zurück und heben Sie dann gleichzeitig die rechte Ferse und die linke Fußspitze. Die Bewegung erinnert ein wenig daran, auf der Stelle zu laufen.

Sobald die Bewegung automatisiert ist und keine bewusste Aufmerksamkeit mehr erfordert, können Sie ganz wie gewohnt weiterarbeiten und sich voll und ganz darauf konzentrieren, Ihren Unterricht vorzubereiten, E-Mails zu schreiben oder Klassenarbeiten zu korrigieren. Die Venenpumpe können

Sie praktisch immer ausführen, wenn Sie am Schreibtisch sitzen.

Üben Sie so lange, wie Sie mögen. Eine feste Zeitvorgabe gibt es nicht.

Dies ist übrigens auch eine sehr gute Übung, um bei langen Flügen oder Bahnfahrten die Beine aktiv zu halten.

V wie Vorm Fernseher, erstes Programm

Grätsche im Sitzen: Beininnenseiten dehnen und Hüften öffnen

Selbst abends vor dem Fernseher können Sie etwas für Ihren Körper tun: mit einer vereinfachten Version der Yogaübung „Gegrätschte Vorbeuge". Sie dehnt die Muskeln der Beininnenseiten, die bei vielen Menschen verkürzt sind, und hilft, die Hüftgelenke zu öffnen.

Bitte Vorsicht: Die Muskeln an den Beininnenseiten sind bei vielen Menschen verkürzt und eher unflexibel. Daher sollten Sie besonders darauf achten, ganz vorsichtig und langsam in die Dehnung zu gehen, sonst kann es bei den empfindlichen Muskeln der Beininnenseiten zu einer Überdehnung kommen. Spüren Sie also beim Hineingehen in die folgende Übung genau in die Muskeln der Beininnenseiten hinein und nehmen Sie wahr, ob die Dehnung dort spürbar, aber angenehm ist. Es sollte auf keinen Fall zu Schmerzen kommen. Denken Sie daran: Wie bei allen Yogaübungen geht es nicht darum, dass Sie etwas aushalten, sondern dass Sie sich etwas Gutes tun. Aber nun zur Übung.

So wird's gemacht

Setzen Sie sich auf eine Yogamatte oder auf den Teppich vor Ihrem Fernseher. Grätschen Sie die Beine so weit auseinander, wie es locker möglich ist. Gehen Sie in diesem ersten Schritt nur so weit, wie es angenehm ist – ohne etwas erreichen zu wollen.

Verlängern Sie dann einatmend die Wirbelsäule und wachsen Sie mit dem Scheitelpunkt nach oben. Schieben Sie ausatmend die Füße noch ein klein wenig mehr nach außen – bis Ihre individuelle, heutige Dehnungsgrenze erreicht ist. Das ist dann der Fall, wenn Sie eine deutliche, noch angenehme Dehnung in den Beininnenseiten spüren, aber keinesfalls Schmerzen. Ihr Atem darf zu allen Zeiten frei und leicht fließen, das Gesicht ist entspannt.

Für viele Menschen, die ihre Kindheit und Jugend nicht in einer Ballettschule oder beim Kampfsport verbracht haben, stellt die Grätsche mit gerade nach oben aufgerichtetem Oberkörper genau die richtige Dehnung dar. Falls Sie auf diese Weise gar keine Dehnung wahrnehmen, beugen Sie einfach den Oberkörper mit geradem Rücken nach vorn, bis Sie zu Ihrer Dehnungsgrenze gelangen.

Verweilen Sie für mehrere Minuten in der Haltung (drei bis fünf Minuten, vielleicht mit der Zeit auch länger). Ihre Aufmerksamkeit können Sie nun ganz dem Fernsehprogramm widmen. Die Dehnung der Muskeln wirkt weiter, auch beim Fernsehen.

Wenn Sie nach einigen Minuten spüren, dass es genug ist und Sie aus der Stellung herauskommen möchten, richten Sie ggf. zuerst den Oberkörper wieder einatmend auf (falls Sie ihn nach vorn gebeugt hatten). Dann beugen Sie ausatmend die Beine in den Knien leicht an und bringen die Füße vorsichtig und langsam wieder nah zusammen.

Lockern Sie die Beine und Hüftgelenke sanft und spüren Sie in diesen Körperbereich hinein. Vielleicht können Sie wahrnehmen, wie dort ganz viel Weite und Raum entstanden ist – und das alles beim Fernsehen.

V wie Vorm Fernseher, zweites Programm

Sphinx: Brustkorb weiten, Herz öffnen

Weiter geht's mit dem zweiten Fernsehprogramm. Auch in der Yogaübung „Sphinx" können Sie hervorragend verweilen, während Sie einen Film oder Ihre Lieblingsserie schauen.

Die Sphinx ist eine sanfte Rückbeuge, die den Brustraum weitet und das Herz öffnet. Sie bewirkt, dass die Brustmuskeln gedehnt werden, die vom vielen Arbeiten am Computer mit nach vorn gezogenen Schultern oft verkürzt sind. Die Atemhilfsmuskeln werden gedehnt, was langfristig das Lungenvolumen vergrößert und so zu einem tiefen, ruhigen Atem verhilft. Außerdem stellt die Sphinx eine sanfte Rückbeuge dar – vor allem in der Brustwirbelsäule, die im Laufe des Lebens mehr und mehr zu

© AOL-Verlag

einer übermäßigen Rundung nach vorn neigt. Die Muskeln des mittleren Rückens werden gekräftigt, was zu einer mühelos aufgerichteten Körperhaltung führt – auch im Alltag.

So wird's gemacht

Legen Sie sich auf einer Yogamatte oder auf dem Teppich vor Ihrem Fernseher auf den Bauch. Nun heben Sie den Oberkörper etwas an und legen die Unterarme vor sich auf dem Boden ab, sodass sich die Ellenbogen unterhalb der Schultern befinden und ein rechter Winkel zwischen Ober- und Unterarmen entsteht. (Falls sich dies im unteren Rücken für Sie nicht gut anfühlt, lassen Sie einfach die Ellenbogen noch ein wenig von sich weg gleiten, bis sich der untere Rücken vollkommen wohlfühlt.) Die Füße berühren sich, der Beckenboden kann leicht angespannt werden.

Wachsen Sie einatmend mit dem Scheitelpunkt nach oben und heben Sie Ihr Brustbein nach vorne oben an. Lassen Sie ausatmend Ihre Schultern nach hinten und unten sinken.

So können Sie drei bis fünf Minuten in der Sphinx verweilen und dabei dem Fernsehprogramm weiter folgen. Wenn Sie spüren, dass es für Ihren Körper genug ist, können Sie jederzeit aus der Stellung herauskommen. Um die Sphinx zu verlassen, senken Sie Ihren Oberkörper zurück auf den Boden ab.

Gehen Sie als Ausgleich in die Yogahaltung „Stellung des Kindes". Platzieren Sie dazu die Handflächen unterhalb der Schultern auf dem Boden, geben Sie Gewicht auf die Hände und drücken Sie sich zunächst in den Vierfüßlerstand nach oben. Lassen Sie dann Ihr Gesäß zu den Fersen sinken. Bringen Sie die Stirn auf den Boden. Legen Sie die Arme neben dem Körper ab – mit den Handflächen nach oben gerichtet. Falls die Stirn den Boden nicht mühelos erreicht, bauen Sie sich einen kleinen Turm aus Ihren Fäusten und legen Sie die Stirn darauf ab. Die Schultern und Arme dürfen vollkommen locker und schwer nach unten sinken.

Bleiben Sie für mehrere Atemzüge in der Stellung des Kindes und atmen Sie tief ins Becken hinein. Rollen Sie sich dann Wirbel für Wirbel mit gerundetem Rücken nach oben oder stützen Sie die Hände auf und kommen Sie mit geradem Rücken nach

© AOL-Verlag

oben zum Sitzen, wenn sich dies für Sie besser anfühlt.

Und nun können Sie sich – gut gedehnt – wieder ganz und gar dem Fernsehprogramm widmen.

W wie Wäsche aufhängen

Dynamische Vorbeuge im Stehen: Beinrückseiten dehnen und Schultern entlasten

Vielleicht ist spät abends noch eine Ladung Wäsche fertig zum Aufhängen? Nutzen Sie dies zum Dehnen der Beinrückseiten. Nachdem Sie beim Fernsehen schon Ihre Beininnenseiten gedehnt und den Brustraum geweitet haben, freuen sich auch die durch den sitzenden Lebensstil häufig verkürzten Muskeln der Beinrückseiten über etwas Dehnung. Gleichzeitig können Sie Ihren Rücken lockern, die Schultern entlasten und den Nacken dehnen.

Auch hier gilt: Üben Sie vorsichtig und achtsam, gehen Sie nur bis zur Dehnungsgrenze, aber nicht darüber hinaus. Bei Problemen im unteren Rücken führen Sie die Übung bitte mit geradem Rücken durch oder lassen Sie sie ganz weg.

Praktizieren Sie Yogaübungen immer so, dass sie Ihrem Körper guttun.

Noch ein Tipp: Bevor Sie diese Übung mit dem Wäscheaufhängen kombinieren, testen Sie sie erst mal „solo". Probieren Sie den Bewegungsablauf aus und machen Sie sich mit der Dehnungsgrenze Ihrer Beinrückseiten und mit dem Gefühl in Ihrem unteren Rücken vertraut. Danach können Sie beim Wäscheaufhängen damit weitermachen.

So wird's gemacht

Stellen Sie Ihren Wäschekorb vor sich hin, die Wäscheleine befindet sich über Ihnen. Ihre Füße sind hüftbreit geöffnet und parallel ausgerichtet.

Strecken Sie einatmend beide Arme weit nach oben aus und dehnen Sie sich genüsslich in die Länge. Der Scheitelpunkt wächst nach oben. Beugen Sie sich ausatmend zunächst mit geradem Rücken nach vorn. Sie können die Beine in den Knien leicht anbeugen, Sie können sie aber auch gestreckt lassen. Wichtig ist, dass Sie eine angenehme Dehnung in den Muskeln der Beinrückseiten wahrnehmen. Wann das der Fall ist und wie die Haltung dabei genau aussieht, ist von Mensch zu Mensch verschieden.

Wenn Sie Ihre Dehnungsgrenze gefunden haben, bleiben Sie dort. Stellen Sie sich bei jedem Einatmen vor, dass der Atem in die gedehnten Beinrückseiten fließt. Beugen Sie sich mit jedem Ausatmen in den Hüftgelenken etwas weiter nach vorn.

Falls Sie keine Probleme haben und sich der Rücken dabei gut fühlt, können Sie den Rücken auch sanft runden, Schultern und Arme locker hängen lassen und die Nackenmuskeln loslassen, sodass der Kopf frei nach unten hängt. Sinken Sie mit jedem Ausatmen noch ein wenig mehr in die Vorbeuge. Lassen Sie vollkommen los. (Sollte sich die Übung mit rundem Rücken und lockeren Schultern nicht gut anfühlen, bleiben Sie einfach bei der Variante mit ganz geradem Rücken.)

Atmen Sie in der Vorbeuge ein- bis dreimal tief und langsam in den Bauch hinein. Greifen Sie sich dann ein Wäschestück aus dem neben Ihnen stehenden Korb und kommen Sie einatmend mit geradem Rücken wieder nach oben. Strecken Sie sich weit nach oben in die Länge und hängen Sie das Wäschestück auf die Leine.

Kommen Sie mit einem Ausatmen zurück in die Vorbeuge und wiederholen Sie die Übung so lange, wie Sie Lust haben oder bis der Wäschekorb leer ist.

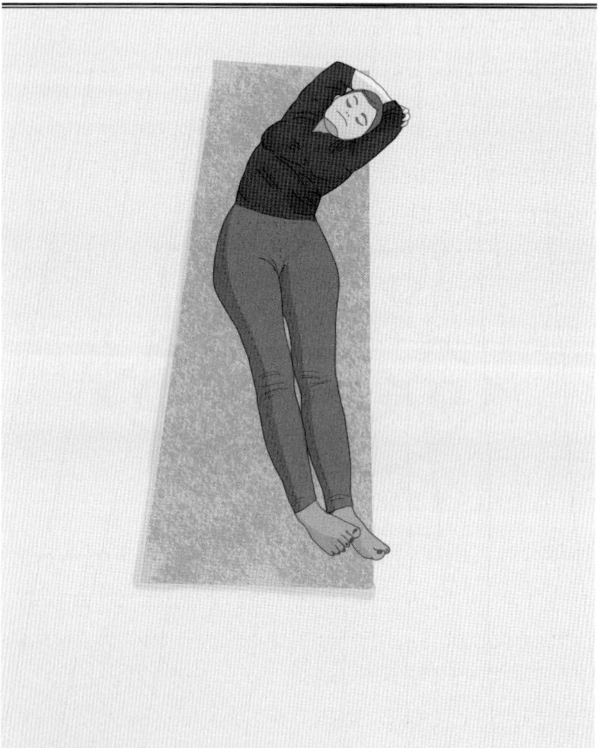

X wie X-Rekeln plus Banane

Körperseiten dehnen

Erinnern Sie sich an das X-Rekeln, mit dem Sie Ihren Körper am Morgen sanft, aber bestimmt aufgeweckt haben? Diese Übung kann auch am Abend gute Dienste leisten. Wenn Sie sie mit der Übung „Banane" aus dem Yin-Yoga kombinieren, profitieren Sie gleichzeitig auch noch von einer intensiven Seitbeuge, in der Sie ruhig etwas länger verweilen können.

So wird's gemacht

Legen Sie sich auf Ihre Yogamatte oder einfach auf einen Teppich. Wie Sie es schon kennen: Rekeln Sie sich genüsslich in alle Richtungen – x-förmig, sodass Sie das Gefühl haben, wirklich jeden Muskel Ihres Körpers zu dehnen. Stellen Sie sich vor, wie während des X-Rekelns mehr und mehr Anspannung des

Tages von Ihnen abfällt, wie Sie alle Verspannungen loslassen. Spüren Sie, dass Körper und Geist immer lockerer und freier werden.

Wenn Ihnen danach ist, gähnen Sie herzhaft. So können Sie die letzten Reste von Anspannung loslassen – auch in den Gesichtsmuskeln.

Wenn Sie das Gefühl haben, dass Sie sich genug gerekelt haben, bereiten Sie sich für die Banane vor. Dazu legen Sie sich mittig mit geradem Körper auf Ihre Unterlage.

Geben Sie die Arme über den Kopf und versuchen Sie, sie zum Boden sinken zu lassen. Je nach Schulterbeweglichkeit können Sie die Hände falten oder auch die Arme an den Ellenbogen verschränken. Für viele Menschen ist es angenehm, eine zusammengelegte Decke oder ein flaches Kissen unter den Kopf zu schieben, damit die Halswirbelsäule entlastet wird und der Kopf sich wohlfühlt.

Beginnen Sie nun langsam und achtsam, mit dem Oberkörper nach links zu wandern. Wandern Sie dann auch mit den Füßen so weit wie möglich nach links. Wichtig: Das Becken bewegt sich keinen Zentimeter von seinem Platz und beide Gesäßhälften bleiben fest und schwer auf dem Boden, die rechte

Hüfte bewegt sich nicht nach oben. (Tipp für Fortgeschrittene: Um die Haltung zu intensivieren, können Sie den rechten Fuß über den linken kreuzen.)

Spüren Sie in diese intensive Dehnung der rechten Körperseite hinein und lassen Sie mit jedem Einatmen ganz viel Weite in den gedehnten Körperbereichen entstehen. Mit jedem Ausatmen lassen Sie noch ein wenig mehr los. Achten Sie darauf, in der Stellung so gut wie keine Muskelanspannung aufrechtzuerhalten. Trotz der intensiven Dehnung können Sie loslassen, tief entspannen.

Bleiben Sie auf der ersten Seite ca. drei Minuten in der Haltung. Kommen Sie dann ganz langsam, wie in Zeitlupe, zurück zur Mitte. Ziehen Sie Ihre Knie zum Oberkörper heran und formen Sie ein kleines Päckchen aus Ihrem Körper. Wenn Sie möchten, können Sie so zusammengerollt auch von Seite zu Seite rollen. Kommen Sie dann wieder in die Rückenlage.

Führen Sie die Banane nun zur anderen Seite aus: mit Beugung nach rechts. Bleiben Sie auf der zweiten Seite genauso lange in der Haltung wie auf der ersten – für ca. drei Minuten. So werden beide Körperseiten gleichmäßig trainiert. Kommen Sie zum

Schluss wieder extrem langsam, wie in Zeitlupe, aus der Stellung heraus – zurück zur Mitte. Rollen Sie sich zum kleinen Päckchen zusammen. Dann legen Sie den Körper wieder ab und spüren in Rückenlage der Übung nach.

Nun können Sie direkt zur nächsten Yogastellung übergehen, der Gebundenen Winkelhaltung, die Sie im folgenden Kapitel finden.

Y wie Yogahaltung zum Relaxen am Abend

Gebundene Winkelhaltung: Runterkommen und entspannen

Die Gebundene Winkelhaltung ist genau wie die Banane eine Yogaübung, die etwas länger gehalten werden kann. Sie ist ideal zum Runterkommen für den Abend und eine wunderbare Möglichkeit, Körper und Geist zu regenerieren sowie vollkommen zur Ruhe zu kommen. Auf Körperebene bewirkt sie eine sanfte Dehnung der Oberschenkelinnenseiten und eine Öffnung der Hüften. Auf der mentalen Ebene fördert sie das Loslassen und die Zentrierung nach innen.

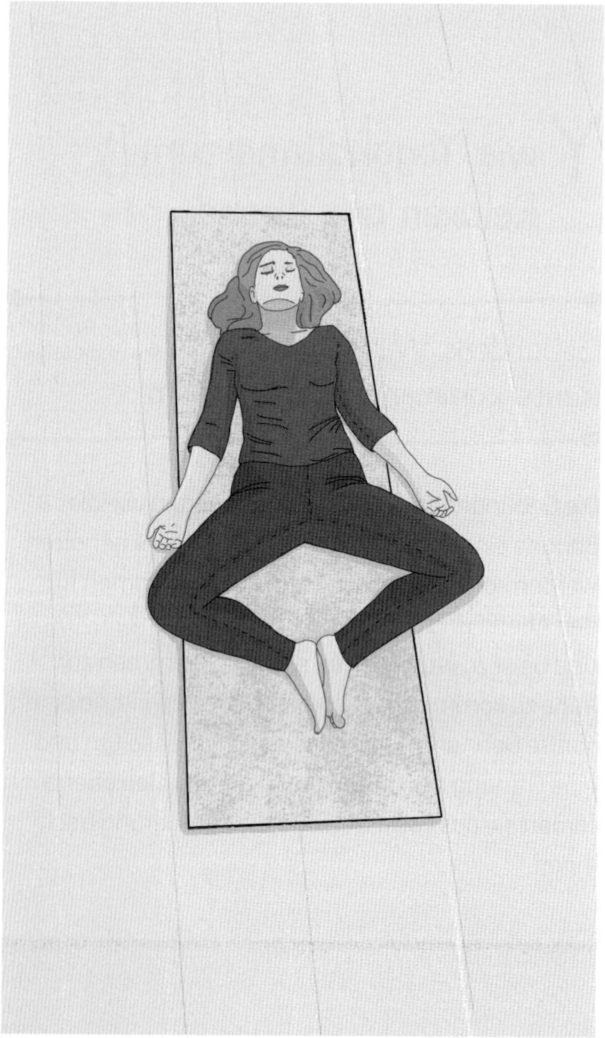

So wird's gemacht

Sie liegen nach der Banane auf dem Rücken in der Entspannungshaltung. Die Arme liegen locker neben dem Körper, die Handinnenflächen sind nach oben gerichtet.

Ziehen Sie nun die Füße Richtung Becken heran und bringen Sie die Fußsohlen aneinander. Lassen Sie die Knie ganz passiv nach außen sinken – bis Sie eine leichte Dehnung in den Beininnenseiten spüren und an Ihre Dehnungsgrenze gelangen. Lassen Sie nur die Schwerkraft wirken, versuchen Sie nicht aktiv oder mit Kraft, die Knie weiter nach unten zu bringen.

Lassen Sie dann in der Stellung vollkommen los. Versuchen Sie mit jedem Ausatmen, noch ein wenig mehr Anspannung in den Boden abfließen zu lassen. Bleiben Sie mit Ihrer Aufmerksamkeit ganz bei der Wahrnehmung Ihres Atems: Mit jedem Einatmen stellen Sie sich vor, dass der Atem bis ins Becken und in die gedehnten Beininnenseiten fließt, mit jedem Ausatmen lassen Sie in den Hüftgelenken noch ein wenig mehr los, sinken tiefer nach unten, entspannen sich.

Es ist bei solchen länger gehaltenen Stellungen ganz normal, dass immer wieder ablenkende Gedanken auftauchen. Wenn Sie dies bemerken, nehmen Sie es – genau wie während der Meditation – wertfrei wahr. Lassen Sie die Gedanken dann wieder los. Wenn Sie möchten, können Sie sich vorstellen, dass sie wie Wolken am Himmel weiterziehen, die immer kleiner werden und schließlich am Horizont verschwinden. Kehren Sie mit Ihrer Aufmerksamkeit zum Atem zurück – wieder und wieder.

Bleiben Sie für ca. drei Minuten in der Haltung. Um sie zu verlassen, bringen Sie langsam, wie in Zeitlupe, die Knie wieder zusammen. Ziehen Sie die Knie dann zum Oberkörper heran und umarmen Sie sie. Rollen Sie Ihren Körper zu einem kleinen Päckchen zusammen. Wenn es sich gut anfühlt, können Sie auch langsam und vorsichtig von Seite zu Seite rollen, um mit Ihrem Körpergewicht den Rücken zu massieren. Genießen Sie diese kleine Wohlfühlmassage.

Kommen Sie zum Abschluss zurück in die Rückenlage und spüren Sie kurz nach.

Z wie Zu Bett gehen in Dankbarkeit

Meditation: Dankbarkeit für den Tag

Nach der Gebundenen Winkelhaltung können Sie den Tag enden lassen und sich auf einen erholsamen Schlaf vorbereiten. Tun Sie dies mit einer kurzen Meditation der Dankbarkeit, die den Tag positiv abschließt, sodass Sie emotional und mental geklärt zu Bett gehen können.

Um die Nachtruhe einzuleiten, dimmen Sie nach Möglichkeit das Licht. Zünden Sie eine Kerze an, wenn Sie möchten.

So wird's gemacht

Nehmen Sie eine stabile, bequeme Sitzhaltung ein. Geben Sie Ihr Körpergewicht über das Gesäß

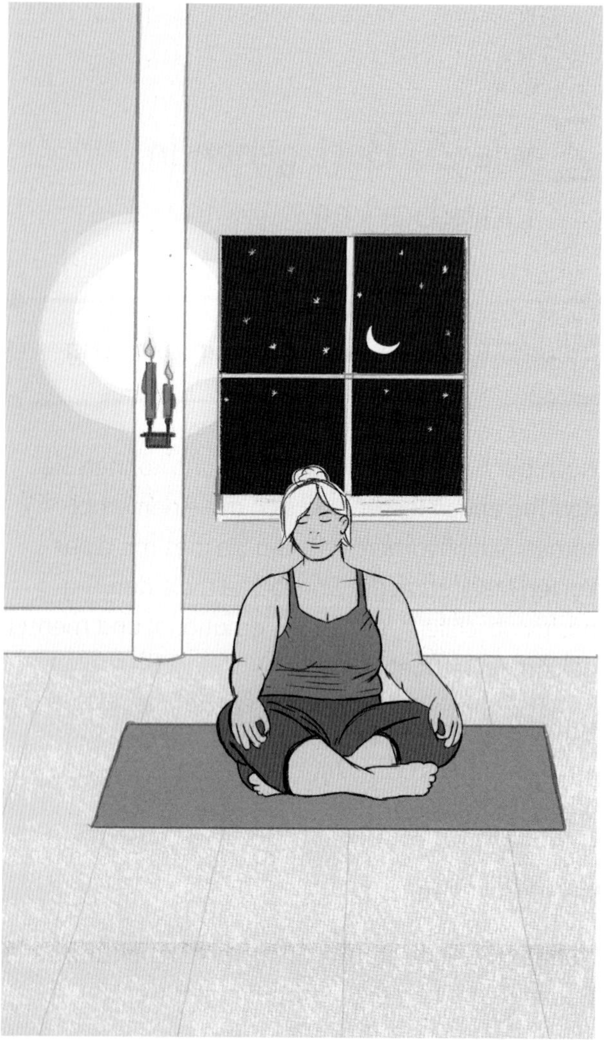

bewusst an die Erde ab. Der Rücken ist gerade aufgerichtet, der Scheitelpunkt strebt Richtung Himmel. Die Schultern sinken locker nach hinten und unten. Der Atem fließt ruhig und gleichmäßig. Die Augen sind sanft geschlossen.

Spüren Sie nun in Ihren Herzraum hinein und lassen Sie dort ein Lächeln entstehen. Schenken Sie sich selbst Ihr schönstes, strahlendstes Lächeln. Wenn Sie möchten, können Sie sich vorstellen, in einen Spiegel zu lächeln.

Kultivieren Sie im Inneren ein Gefühl der Dankbarkeit für alle Begebenheiten des Tages – die schönen Dinge, aber ebenso die Herausforderungen. Positiv können auch vermeintliche Kleinigkeiten sein: ein Sonnenstrahl auf dem Nachhauseweg oder das Lächeln eines Kindes, das Sie heute beim Lernen unterstützt haben. Falls sich die Dankbarkeit für die herausfordernden Situationen nicht so recht einstellen will, werden Sie sich bewusst, was Sie daraus lernen und wie Sie daran wachsen können – als Pädagogin und als Mensch. Mit ein wenig Übung wird es nach und nach immer leichter, das Gefühl der Dankbarkeit zu kultivieren. Sagen Sie dem Tag innerlich ein großes Dankeschön für all die Möglichkeiten, die er Ihnen geboten hat.

Nach einigen Minuten können Sie die Hände vor Ihrem Herzen zusammenbringen und sich noch einmal bei sich selbst herzlich bedanken: dafür, dass Sie heute alle Herausforderungen angenommen haben – und natürlich dafür, dass Sie die Tipps aus diesem Buch beherzigt und sich mit den Übungen in unterschiedlichen Alltagssituationen etwas Gutes getan haben.

Schlusswort

Herzlichen Dank an Sie – für Ihre Neugier und Ihre Offenheit, dieses Buch bis zum Ende zu erkunden und die vielen Übungen und Tipps praktisch umzusetzen. Nun heißt es dranbleiben, denn die Techniken können nur wirken, wenn sie regelmäßig geübt werden. Sie haben sicher schon deutlich gespürt, wie gut es tut, in Ihrem Alltag kleine Oasen der Entspannung entstehen zu lassen.

Sollten Sie mal ein Motivationstief haben (das tritt bei den allermeisten Menschen mit ziemlicher Sicherheit auf), erinnern Sie sich an die guten Wirkungen, das angenehme Körpergefühl und die Entspannung, die Sie durch die Übungen erlebt haben. Und denken Sie auch daran, wie Sie mit einer großen Portion Gelassenheit Ihr gesamtes Umfeld positiv beeinflussen: Ihre Familie profitiert davon, im Kollegium und mit Eltern gibt es weniger Reibereien und Ihre Schüler sind Ihnen eher wohlgesonnen, wenn Sie gelassen und aus Ihrer starken Mitte heraus agieren.

In diesem Sinne wünsche ich Ihnen weiterhin viel Freude beim Anwenden der Techniken und viel Gelassenheit im oft turbulenten Schulalltag.

Alexandra Pusch